Bianca Modl

Trainingsmögl. um interkult. Kommunikation in Hotels zu fördern

Bianca Modl

Trainingsmögl. um interkult. Kommunikation in Hotels zu fördern

Untersuchung der nonverbalen und paraverbalen Unterschiede zwischen Deutschland und der Türkei

Reihe Gesellschaftswissenschaften

Impressum / Imprint
Bibliografische Information der Deutschen Nationalbibliothek: Die Deutsche Nationalbibliothek verzeichnet diese Publikation in der Deutschen Nationalbibliografie; detaillierte bibliografische Daten sind im Internet über http://dnb.d-nb.de abrufbar.
Alle in diesem Buch genannten Marken und Produktnamen unterliegen warenzeichen-, marken- oder patentrechtlichem Schutz bzw. sind Warenzeichen oder eingetragene Warenzeichen der jeweiligen Inhaber. Die Wiedergabe von Marken, Produktnamen, Gebrauchsnamen, Handelsnamen, Warenbezeichnungen u.s.w. in diesem Werk berechtigt auch ohne besondere Kennzeichnung nicht zu der Annahme, dass solche Namen im Sinne der Warenzeichen- und Markenschutzgesetzgebung als frei zu betrachten wären und daher von jedermann benutzt werden dürften.

Bibliographic information published by the Deutsche Nationalbibliothek: The Deutsche Nationalbibliothek lists this publication in the Deutsche Nationalbibliografie; detailed bibliographic data are available in the Internet at http://dnb.d-nb.de.
Any brand names and product names mentioned in this book are subject to trademark, brand or patent protection and are trademarks or registered trademarks of their respective holders. The use of brand names, product names, common names, trade names, product descriptions etc. even without a particular marking in this work is in no way to be construed to mean that such names may be regarded as unrestricted in respect of trademark and brand protection legislation and could thus be used by anyone.

Coverbild / Cover image: www.ingimage.com

Verlag / Publisher:
AV Akademikerverlag
ist ein Imprint der / is a trademark of
OmniScriptum GmbH & Co. KG
Bahnhofstraße 28, 66111 Saarbrücken, Deutschland / Germany
Email: info@omniscriptum.com

Herstellung: siehe letzte Seite /
Printed at: see last page
ISBN: 978-3-639-87981-0

Copyright © Bianca Modl
Copyright © 2017 OmniScriptum GmbH & Co. KG
Alle Rechte vorbehalten. / All rights reserved. Saarbrücken 2017

FH JOANNEUM Gesellschaft mbH

Trainingsmöglichkeiten um interkulturelle Kommunikation in Hotelbetrieben zu fördern
Untersuchung der nonverbalen und paraverbalen Unterschiede zwischen Deutschland und Türkei

Bianca Modl

1 Abstract

Diese Arbeit beschäftigt sich mit der Frage, wie Mitarbeiter in Hotelbetrieben gefördert und trainiert werden, um sich mit interkulturellen Gästen besser verständigen zu können. Die Problematik besteht dabei jedoch nicht in sprachlichen Unterschieden, sondern viel mehr in non- und para-verbalen Kommunikationsunterschieden. Darum behandelt meine Arbeit die Frage, welche Trainingsmöglichkeiten angewandt werden, um bei Arbeitnehmern in Hotelbetrieben ein besseres Verständnis aufkommen zu lassen und Missverständnisse zu vermeiden. Ein spezieller Einblick in die kulturellen Unterschiede der nonverbalen und paraverbalen Kommunikation zwischen Deutschland und der Türkei wird gewährt.

Neben einer ausführlichen Literaturrecherche und derer Verwendung wurden auch meine Erfahrungen mit internationalen Freundschaften und Bekanntschaften herangezogen und mit eingebaut.

This bachelor thesis is about the question how employees in hotels get trained to gain a better understanding when it comes to international customers. The problem is not within differences in the language but more in non-verbal and para-verbal communication. That is why my bachelor thesis handles the question of training methods to achieve a better understanding of intercultural communication to avoid misunderstandings. Especially nonverbal and paraverbal differences between Germany and Turkey are conferred.

Besides an extensive literature research and its use, also my own experiences with international friends I have are used and discussed.

Keywords

Deutsch: interkulturelle Kommunikation, international verschiedene Gestik und Mimik, Hospitality, Trainingsmöglichkeiten, Kulturunterschiede Deutschland Türkei

English: intercultural communication, international differences in gesture and facial expression, hospitality, training methods, cultural differences Germany Turkey

2 Inhaltsverzeichnis

1 Abstract 3
3 Abbildungsverzeichnis 6
4 Einleitung 7
    4.1 Problemdarstellung 8
    4.2 Forschungsfrage 9
    4.3 Unterfragen 9
    4.4 Methodik 11
    4.5 Ziel der Arbeit 12
    4.6 Aufbau 13
5 Begriffserklärung Kultur 14
6 Resultate 20
    6.1 Interkulturelle Kommunikation 20
        6.1.1 Unterschiede zwischen Deutschland und der Türkei 22
    6.2 Trainingsmöglichkeiten 24
        6.2.1 Interkulturelle Assessment-Center 26
        6.2.2 Intercultural Training Exercise Pack 28
    6.3 Kundenzufriedenheit 32
7 Diskussion 34
8 Schluss 36
    8.1 Kritik 37
    8.2 Offene Fragen und Ausblick 38
9 Literaturverzeichnis 39

3 Abbildungsverzeichnis

Abbildung 1: A model of culture 17
Abbildung 2: The "Onion" Diagram 18
Abbildung 3: Kolb's Experiental Learning Cycle 26
Abbildung 4: Intercultural Training Exercise Pack 30
Abbildung 5: Intercultural Training Exercise Pack II 31

4 Einleitung

Es war der 3. September 2015 und voller Begeisterung durfte ich mein Auslandspraktikum in der Türkei endlich antreten. Es war nicht mein erster Ausflug in ein anderes Land, aber der erste, der ein wenig weiter weg stattfand. Der erste außerhalb Zentraleuropas. Neben vielen Glücksgefühlen kamen aber auch einige Bedenken in mir auf, denn ich wusste nicht, welche kulturellen Unterschiede mich erwarten würden. Während meines gesamten Auslandsaufenthaltes außerhalb Europas sollte mir noch bewusst werden, wie unterschiedlich Kulturprägungen sein können, bezogen auf Offensichtliches wie Kleidung auf Grund einer anderen Religion, aber auch in Bezug auf bestimmte Gesichtsausdrücke und Laute während eines Gespräches.

In der Sekunde als wir den Flughafen verließen, traf uns der erste kulturelle Schock. Wir saßen zu sechst mit insgesamt 15 Gepäcksstücken in einem kleinen Renault Clio und auch die zwei stündige Fahrt bis zu unserer Unterkunft, hätte in Österreich nicht so ausgesehen. Wir fuhren viel zu schnell und immer mittig der Straße, aber das sei in der Türkei normal, wurde uns am nächsten Tag erklärt.

Nicht nur sehr offensichtliche Unterschiede kamen während meines Aufenthaltes zum Vorschein, sondern auch die Art wie sich Menschen einer anderen Kultur begrüßten, wie sie miteinander sprachen und gestikulierten, ließen mich verstehen, dass ich mich anpassen musste.

Auch beim Reisen durch die Türkei, und dem Begegnen von unterschiedlichen Kulturen in Hotels und Jugendherbergen, in denen wir schliefen, brachten mich zu der Frage: Wie die Mitarbeiter solcher Hotelbetriebe geschult und trainiert werden, um jeden Gast zufrieden zu stellen und ihm das Gefühl von Geborgenheit und Verständnis zu übermitteln.

4.1 Problemdarstellung

Da Hotelbetriebe durch die Globalisierung, sinkende Preise für Reisen und durch die Entwicklung von schnelleren Transportmitteln zum Großteil von internationalen Kunden leben und oft auch von diesen abhängig sind, werden Mitarbeiter schon früh in interkultureller Kommunikation geschult, um Gäste aller Welt zufrieden stellen zu können. Aber wie sieht solch ein Training aus?
Ich möchte mit dieser Arbeit herausfinden, welche Trainingsmöglichkeiten für Mitarbeiter angewandt werden, um unterschiedliche Kulturkreise bedienen zu können. Vor allem die kulturellen Unterschiede zwischen dem deutschsprachigen Raum und der Türkei haben für diese Arbeit eine hohe Relevanz, da diese eine sehr starke touristische Bedeutung aufweisen. Viele deutschsprachige Urlauber verbringen ihren Urlaub gerne in All-Inclusive Hotelanlagen in der Türkei und umgekehrt wandern viele türkische Staatsbürger nach Deutschland und Österreich aus.

Hauptsächlich möchte ich mich in meiner Arbeit auf die Arten der nonverbalen, wie Mimik, Gestik und Körperhaltung, und auf die paraverbale Kommunikation, wie die Lautstärke beim Reden, die Stimmlage und den Sprechrhythmus, konzentrieren, da diese meiner Meinung nach für die größten Missverständnisse sorgen. Anhand dieser theoretischen Inputs, werden des Weiteren kulturelle Unterschiede zwischen der deutschen Mentalität und die der türkischen aufgedeckt, und wie man in weiterer Folge Mitarbeiter auf die Bewältigung dieser Unterschiede schult und trainiert. Eine weitere Frage beschäftigt sich mit der dadurch gesteigerten Kundenzufriedenheit, die man durch interkulturell gut geschultes Personal erhält.

4.2 Forschungsfrage

Welche Trainingsmöglichkeiten können die interkulturelle Kommunikation in Hotels fördern?

Erläuterung: In meinen Augen ist interkulturelle Kommunikation ein wesentlicher Bestandteil, um Gästen in Hotelbetrieben einen angenehmen Aufenthalt bieten zu können. Zu wissen, aus welchem Land mein Gast kommt und zu wissen, wie sich seine Kultur in Mimik und Gestik wieder spiegelt und auf solche reagieren zu können, zeichnet einen guten Mitarbeiter aus. Als Reaktion auf solch ein Wissen steigert sich meine Zufriedenheit der Gäste,da es Ihnen ein Gefühl von Verständnis und Wertschätzung vermittelt. Jedoch bedarf es im Bereich nonverbaler und paraverbaler Kommunikation viel Training, denn Kultur bedeutet vieles. Sie bedeutet Sprache, Religion, Kleidung, welche man in gewissen Maßen auf den ersten Blick erkennen kann und in weiterer Folge sofort darauf reagieren kann. Dennoch im Bereich der nonverbalen und paraverbalen Kommunikation bedarf es mehr als nur einen Blick, um auf solche Unterschiede angemessen reagieren und in weiterer Folge auch agieren zu können. Hierfür benötigt man neben Einfühlungsvermögen und Adaption auch interkulturelles Training.

4.3 Unterfragen

In diesem Unterkapitel wird näher auf die Unterfragen eingegangen, die sich durch die Formulierung der Forschungsfrage ergeben haben, um einen besseren Einblick in die Thematik zu erlangen.

Unterfrage 1
Was ist interkulturelle Kommunikation?

Unterfrage 2

Welche großen kulturellen Unterschiede im Bereich der nonverbalen und paraverbalen Kommunikation gibt es, bezogen auf Deutschland und der Türkei?

Unterfrage 3

Welche Trainings werden angewandt?

Unterfrage 4

Wie wirkt sich solch ein interkulturelles Training auf die allgemeine Kundenzufriedenheit aus?

4.4 Methodik

Das Wort Methodik kommt aus dem Griechischen und bedeutet so viel wie planmäßiges Vorgehen (Methodik, o.J.). Die wichtigsten Schritte beinhalten eine primäre und eine sekundäre Datenerhebung, die im Text darunter genauer erklärt werden, welche mich dazu befähigen, wissenschaftliche Literatur wieder zu geben und Definitionen zu erläutern, die für das Verständnis der Forschungsfrage und derer Unterfragen von Bedeutung sind.

primäre Datenerhebung

Die primäre Datenerhebung besteht aus bereits erworbenem Wissen der ersten drei Semester des Studiengangs Gesundheitsmanagement im Tourismus, BA an der FH Joanneum und aus den Erfahrungen, die ich während meiner Auslandaufenthalte selbst sammeln durfte.

sekundäre Datenerhebung

Die sekundäre Datenerhebung ist auf Literaturrecherchen im Internet und in österreichischen Bibliotheken zurück zu führen. Die Recherche erfolgte im Online-Katalog des Bibliotheks- und Informationszentrum der FH Joanneum, sowie an den Bibliotheken der Universität Klagenfurt und der Wirtschaftsuniversität in Wien. Jedoch wurden auch Fachartikel und -bücher aus verschiedenen online Datenbanken verwendet, wie zum Beispiel Science Direct, Google Books, EPSCO host und Emerald.

Neben Suchwörtern wie interkulturelle Kommunikation, wurde auch nach Begriffen gesucht, wie Unterschiede in Gestik und Mimik, Kulturunterschiede und Hospitality, um in weiterer Folge ein genaueres Verständnis dieser zu erlangen.

Es wurde englische und deutsche Literatur herangezogen, da Bücher an den Bibliotheken meist in Deutsch gefunden wurden, Literatur in online Datenbanken jedoch hauptsächlich auf Englisch. Außerdem wurden auch einige Internetseiten verwendet, vorrangig um Definitionen mit Hilfe von online Wörterbüchern zu erläutern. Ein weiteres Auswahlkriterium war, dass die gefundene und verwendete Literatur nicht älter als aus dem Jahre 1990 sein durfte. Der Grund für die Verwendung von Literatur aus dem 20. Jahrhundert ist jener, dass Pionierarbeiten und große Befragungen in vielen Ländern rund um das Thema Kultur von Hofstede in den 1970er und 1980er Jahren durchgeführt wurden.

4.5 Ziel der Arbeit

Das Ziel dieser Arbeit ist es, die Vorgehensweisen von Hotelbetrieben genauer zu verstehen, in Bezug auf Trainingsmöglichkeiten zur Förderung interkultureller Kommunikation bei Mitarbeitern mit spezieller Einsicht auf paraverbale und nonverbale Kommunikation.

Durch die Digitalisierung, verbilligte Transportwege, dem Fall vieler Grenzen usw. sind Hotels zum Großteil mit internationalen Gästen ausgelastet, was eindeutig einen Ansturm von kulturell unterschiedlicher Menschen und somit auch Missverständnissen und Kommunikationsschwierigkeiten mit sich bringt. Um genau solche Missverständnisse aus dem Weg gehen zu können, werden Mitarbeiter auf unterschiedliche Arten trainiert, um sich besser in Kunden einfühlen zu können, sowie paraverbale und nonverbale Situationen einschätzen zu können, um schneller passend auf solche zu reagieren. Dies ist wichtig, da sich Gäste in weiterer Folge besser verstanden fühlen und somit der Erfolg des Unternehmens wachsen kann.

Diese Arbeit soll Aufschluss darüber geben, mit welchen Hilfsmitteln und Trainings Mitarbeiter in Hotelbetrieben geschult werden, ihre interkulturelle Kommunikation zu fördern. Die Mitarbeiter, auf die ich sich diese Arbeit konzentriert, sind jene, die sich ausschließlich während ihrer Arbeitszeiten im direkten Kundenkontakt befinden. Um den Begriff interkulturelle Kommunikation einzugrenzen, bezieht sich diese Arbeit auf die Bereiche der nonverbalen und der paraverbalen Kommunikation, die während direkten Gesprächen mit Kunden aufkommen können. Unterschiede der nonverbalen Kommunikation beziehen sich auf die Länder Deutschland und Türkei.

4.6 Aufbau

In diesem Kapitel wird der Aufbau meiner Arbeit genauer beschrieben.

Im Einleitungsteil wird zunächst die Problemdarstellung beleuchtet, danach wird die
Forschungsfrage und die dazugehörenden Unterfragen aufgelistet mit jeweiligen Erläuterungen für ein genaueres Verständnis.
Im Methodik Teil werden primäre und sekundäre Datenerhebung genauer erklärt und danach werden die Ziele dieser Arbeit erläutert.

Im Hauptteil dieser Arbeit werden Aspekte behandelt, wie die Frage was interkulturelle Kommunikation eigentlich ist, welche Funktion das Wissen diverser Kulturen mit sich bringt, es wird näher auf nonverbale und paraverbale Kommunikation eingegangen und welche Trainingsmöglichkeiten es für Hotelbetriebe gibt, um interkulturelle Kommunikation in solchen Unternehmen zu fördern. Außerdem wird auf diverse nonverbale und paraverbale Unterschiede zwischen Deutschland und der Türkei eingegangen, und wie interkulturelles Training die allgemeine

Kundenzufriedenheit in Hotelbetrieben fördern kann. Dies sollte helfen die Forschungsfrage verständlich und nachvollziehbar erklären zu können.

Im Schlussteil meiner Arbeit werden gefundene Aspekte behandelt, meine Forschungsfrage und auch die folgenden Unterfragen beantwortet. Anschließend wird die Arbeit als Ganzes selbstkritisch betrachtet und über offen gebliebene Fragen wird diskutiert. Das letzte Kapitel meiner Bachelorarbeit ist eine Zusammenfassung.

5 Begriffserklärung Kultur

In diesem Kapitel wird näher auf den Begriff Kultur eingegangen, um mit Hilfe von renommierten Kulturanthropologen einen genaueren Einblick in diesen Bereich zu erlangen.

> "Unter dem Wort Kultur kann so einiges verstanden werden, aber hauptsächlich bezeichnet dieses Wort die Gesamtheit der von einer bestimmten Gemeinschaft auf einem bestimmten Gebiet während einer bestimmten Epoche geschaffenen, charakteristischen geistigen, künstlerischen gestaltenden Leistung (Kultur, o.J.)."

Wenn man das Wort Kultur in verschiedenen Lexika oder online Wörterbüchern nachschlägt, bekommt man vielerlei unterschiedliche Definitionen dieses Wortes. Während es für einige so viel bedeutet, wie zum Beispiel gutes und bestimmtes Essen eines bestimmten Landes, Kultur in Form von Literatur und verschiedenen Poeten und Dichtern oder es für Biologen eine Probe von

Mikroorganismen bedeutet. Für Anthropologen jedoch beschreibt der Terminus "Kultur" das angelernte menschliche Verhalten, wie zum Beispiel Wissen, Glaube, Kunst, Moral und Bräuche. Das faszinierende an Kultur ist jedoch, dass sie sich nach gewisser Zeit auch ändern kann, da diese Konstrukte nur in unseren Köpfen existieren (What is culture, o.J.).

Sir Edward Burnett Tyler beschreibt drei unterschiedliche Stufen von Kultur. Die erste Stufe beschäftigt sich mit offensichtlicher Kultur, wie zum Beispiel die Hautfarbe der Menschen eines gewissen Landes, die sich von anderen Ländern unterscheidet, aber auch die Sprache als solches und wie sich Menschen eines gewissen Landes kleiden und welche Bräuche sie verfolgen (What is culture, o.J.).

Die zweite Stufe wird von Tyler als Subkultur bezeichnet. Um diese Stufe spezifisch erklären zu können, wird ein Beispiel angewendet. In Klagenfurt am Wörthersee gibt es sehr viele Bürger mit rumänischen Wurzeln, da diese nach Österreich kamen, um den Revolutionen, mit dem Versuch den damaligen Diktator im Jahre 1989 zu stürzen, entfliehen zu wollen. Obwohl die Kinder der damaligen Flüchtlinge in Österreich geboren wurden und auch diese Staatsbürgerschaft besitzen, bilden diese Subkulturen, indem sie sich untereinander besser verstehen und die rumänische Kultur besser miteinander ausleben können. Im Großen und Ganzen wird eine Subkultur als Einheit innerhalb einer bereits bestehenden Kultur bezeichnet (What is culture, o.J.).

Der dritte Teil Tylers Konzepts beschreibt generell menschliches Verhalten, das überall auf der Welt gleich ist. Wir alle verwenden eine Sprache, um uns zu verständigen, wie lieben gutes Essen, mögen Musik, machen gerne Späße, wir erziehen Kinder innerhalb einer Familie, verwenden Alter und Geschlecht, um gewisse Gruppen zu klassifizieren und unterscheiden zwischen Gut und Böse. Im Detail können sich gewisse Vorgehensweisen unterscheiden, aber im Großen und Ganzen agieren wir in diesen Bereichen alle gleich (What is culture, o.J.).

Trompenaar (1997) beschreibt Kultur gleich wie Tyler mit drei Ebenen. Die erste Ebene beschreibt die explizite Kultur. Zu dieser Ebene zählen Prägungen wie die Sprache, bestimmtes Essen einer Region, Baustile und Häuser, Märkte und auch die Art wie sich bestimmte Gruppen kleiden, welche ein tieferes Level an Kultur symbolisieren. Dies sind Eigenschaften, die wir an uns unbekannten Menschen sofort wahrnehmen und wegen welchen wir auch von Anfang an Vorurteile aufkommen lassen. Jedoch sollten wir uns laut Trompenaar im Klaren sein, dass Vorurteile zu haben, immer mehr über uns selbst als über unser Gegenüber aussagt (Trompenaar, 1997, S.21).

Die zweite Ebene beschreibt unsere Werte und Normen. Normen lassen uns zwischen" richtig" und "falsch" unterscheiden wie im Sinne von Gesetzen. Werte auf anderen Seite lassen uns zwischen Gut und Böse unterscheiden und zeigen somit gewisse Ideale einer Gruppe von Menschen. Es ist immer von Vorteil, wenn sich Werte und Normen einer Gruppe auf selber Linie treffen, denn wenn dies nicht der Fall ist, kommt es zu Aufständen, wie im damaligen Ost-Europa, so traf der Kommunismus nicht die Vorstellungen und Werte der Bevölkerung und diese begannen zu rebellieren (Trompenaar, 1997, S.22).

Die dritte und letzte Ebene lautet Annahme der Existenz, welche so viel bedeutet, wie mit vorgegeben Umständen zu überleben. Gegen die Umwelt und äußerliche Einflüsse kann man bekanntlich nichts unternehmen, außer Lösungen für gewisse Probleme zu finden. So haben zum Beispiel die Niederländer Lösungen finden müssen, für die Tatsache, dass der Wasserspiegel stetig steigt, die Schweizer mussten sich überlegen, wie sie mit den hohen Bergen der Lawinengefahr aus dem Weg gehen können usw.

Jede Gruppe von Menschen musste sich mit der Natur auseinandersetzen und so wurde ihre jeweilige Kultur geformt (Trompenaar, 1997, S.23).

Abbildung1: A model of culture

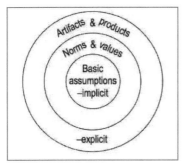

Quelle: Trompenaar, G. & Hampden Turner, C. (1997). *Riding the Waves of Culture. Understanding Diversity in Global Business.* (2. Aufl.). London und Boston: Nicholas Brealey Publishing.

Laut Hofstede (2001) wird der Term Kultur ganz ähnlich beschrieben wie von vielen anderen Anthropologen. In seinem Buch Culture'sConsequences (2001) definiert er Kultur mit Mustern des Denkens, des Fühlens, des Agierens und Reagierens auf gewisse Situationen und mit traditionellen Ideen und Werten einer Gruppe. Wie auch Tyler oder Trompenaar verwendet Hofstede zur Beschreibung des Wortes Kultur ein Diagramm mit ebenfalls drei Dimensionen (Hofstede, 2001, S.10).

Die erste Dimension trägt den Titel Symbole. Hierzu gehören ganz offensichtliche Sachen, wie zum Beispiel Wörter, also die verwendete Sprache einer Gruppe, aber auch ein spezieller Dialekt oder Jargon und die Art und Weise wie diese Gruppe gestikuliert (Hofstede, 2001, S.10).

Die zweite Schicht bezeichnet man als Helden. Hierzu gehören wichtige Personen, egal ob noch lebend oder bereits verstorben, die als Art Vorbild für Handlungen dienen (Hofstede, 2001, S.10).

Die letzte Schicht nennt Hofstede Rituale. Hiermit sind gemeinschaftliche Aktivitäten gemeint, die für eine spezielle Gruppe wichtig sind, wie zum Beispiel die Art sich untereinander zu grüßen oder Zeremonien und Feste jeglicher Art. Diese drei Ebenen werden von Hofstede als "Practice" also auf Deutsch als Tätigkeiten bezeichnet, da man diese Tätigkeiten mit freiem Auge erkennen kann. Er beschreibt auch, dass Kultur für die Gruppe so viel ist, wie der Charakter einen Einzelnen darstellt und auszeichnet (Hofstede, 2001, S.10).

Abbildung 2: The "Onion" Diagram

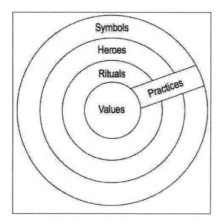

Quelle: Hofstede, G. (2001). Culture's Consequences. Comparing Values, Behaviors, Institutions and Organizations Across Nations. (2. Aufl.). London: Sage Publications Ltd.

Wenn man nun die Ansätze zur Erklärung des Begriffes Kultur der verschiedenen Kulturanthropologen vergleicht, so sieht man neben eindeutigen Gemeinsamkeiten, jedoch auch unterschiedliche Ansätze zur Erklärung des Begriffes Kultur.

Die erste Gemeinsamkeit, die sich bemerkbar macht, ist der Gebrauch von drei Ebenen zur Erklärung. Außerdem fällt auf, dass bei genauer Beleuchtung der ersten Ebene, diese bei Tyler, Hofstede und Trompenaar das gleiche erklärt. In der ersten Ebene beschreiben alle drei Anthropologen offensichtliche Aspekte der Kultur, wie die verwendete Sprache oder spezielles Essen einer Region.

Betrachtet man jedoch die zweite und dritte Ebene, so beschreibt jeder der drei verschiedene Aspekte. Sir Edward Burnett Tyler beschreibt in seiner zweiten Ebene die Existenz verschiedener Subkulturen innerhalb einer großen. Trompenaar schildert in seiner zweiten Ebene Werte und Normen einer gewissen Kultur und Hofstede die Helden, also populäre Figuren, die als Vorbild für Handlungen und Interaktionen dienen. Man sieht also, auch wenn es Trompenaar (1997) und Hofstede (2001) unterschiedlich erklären, die Kernaussage ist bei beiden in etwa gleich.

Die dritte Ebene Tylers Modells weist menschliches Verhalten auf, welche den zweiten Ebenen von Trompenaar (1997) und Hofstede (2001) ähnelt, mit Einblick auf Werte und Normen, die eine gewisse Kultur aufweisen. Trompenaars dritte Ebene beschreibt die Annahme der Existenz, mit welcher er die Gründe für etwaige Prägungen einer Kultur erklärt. Hofstede durchleuchtet in seiner dritten Ebene Rituale einer kulturellen Gruppe von Menschen, wie sie zum Beispiel nonverbale Aspekte und das Feiern von Zeremonien.

6 Resultate

6.1 Interkulturelle Kommunikation

In diesem Teil der Arbeit wird der Terminus der interkulturellen Kommunikation genauer erläutert und es wird im speziellen auf die Teilbereiche der nonverbalen und der paraverbalen Kommunikation eingegangen.

Das Gesagte übermittelt nicht immer den gesamten Inhalt einer Botschaft, denn auch die nonverbale Kommunikation leistet einen Beitrag bei Gesprächen. Manchmal wird dieser Begriff auch als Körpersprache bezeichnet wie Gestik, Mimik und Blickkontakt. Jedoch beinhaltet dieser Terminus nur bedingt nonverbale Kommunikation, da wir auch mit paraverbalen Aspekten kommunizieren wie zum Beispiel Stimmlage, Intonation und Rhythmus (Maletzke, G., 1996, S. 76).

Das faszinierende der nonverbalen und paraverbalen Kommunikation beinhaltet die Tatsache, dass gleiche Gestik und Mimik in verschiedenen Kulturen nicht zwingend das gleiche bedeuten müssen oder Nationen sogar etwas komplett anderes damit meinen (Maletzke, G., 1996, S. 77).

Beginnend mit nonverbaler Kommunikation muss zuerst festgestellt werden, was dieser Terminus im genauen beschreibt. Das Wort "nonverbal" bezeichnet also im Allgemeinen den Gebrauch von Gestik, Mimik und Körperhaltung während eines Gespräches zwischen Menschen. Während solch einer Interaktion ist es auch üblich, dass das Gegenüber diese Aspekte einer Konversation adaptiert (Neick, 2011, S.42).

Dem Gestikulieren schenken wir beim Reden einen besonders hohen Stellenwert, denn mit unseren Händen beschreiben oder untermauern wir bereits Gesagtes. Aber nicht nur unsere Hände können die Aussagekraft von

Wörtern verstärken, sondern auch gewisse Kopfbewegungen helfen uns dabei. Körpersprache hat nicht nur die Aufgabe, Emotionen während eines Gespräches mitzuteilen, sondern auch das Gesagte mit Einstellungen zu beeinflussen (Argyle, M., 2013, S. 137).

Betrachtet man den Begriff "paraverbal" genauer, so beschreibt dieser die Stimmlage, die Punktsetzung beim Reden, gesetzte Pausen, den Rhythmus, Tonhöhen und die Lautstärke während einer Unterhaltung. Das heißt, dass paraverbale Kommunikation nie ohne die Anwendung von Sprache zu Stande kommen kann und sie variieren je nach Herkunft, nach Wohlbefinden und nach Gruppenzugehörigkeit. Auch in diesem Bereich der Kommunikation ist es wichtig, Unterschiede deuten und verstehen zu können. Im Großen und Ganzen spielt das Verständnis von paraverbaler Kommunikation als Solches aber keine Riesenrolle, um interkulturelle Kommunikation genauer zu verstehen, da die übermittelte Nachricht im Allgemeinen gleich bleibt, egal wie sie genau ausgesprochen wird (Bannenber, A., 2010, S.25).

Ebenfalls zu beachten sind Pausen während dem Reden. Pausen helfen uns den nächsten Satz kurz zu überdenken und richtig im Kopf zu strukturieren. Sie können einerseits einfach still von Statten gehen, oder aber mit Füllwörter wie "ähm" gefüllt werden. Pausen machen etwa 30 % des Gesagten aus und je anspruchsvoller der Kontext ist, desto mehr Pausen werden getätigt (Argyle, M., 2013, S. 136).

6.1.1 Unterschiede zwischen Deutschland und der Türkei

In diesem Unterkapitel werden kulturelle Unterschiede zwischen der türkischen und der deutschen Nation genauer erörtert, um für die Umsetzung und das Verständnis von interkultureller Kommunikation ein besseres Gespür erzielen zu können. Wobei hier besonders nonverbale und paraverbale Merkmale dieser zwei unterschiedlichen Kulturen als Beispiele herangezogen werden.

Einige Ausdrücke von nonverbaler Kommunikation wären zum Beispiel der Gesichtsausdruck der Personen während eines Gesprächs, der eingehaltene körperliche Abstand zwischen zwei interagierenden Personen, Körperkontakt und auch der Blickkontakt während eines Gespräches (nonverbale Kommunikation, o.J.). In Bezugnahme auf den Blickkontakt empfinden viele Europäer es für unhöflich, wenn Menschen asiatischer Herkunft ihnen während eines Gespräches nicht in die Augen schauen. Bei einem Thema wie Körperkontakt sind Länder wie die Türkei dem gegenüber viel aufgeschlossener als Deutschland. Angenommen wir sehen zwei Männer Händchen haltend durch die Straßen spazieren, würden wir sofort denken, dass diese ein homosexuelles Pärchen sind, wohingegen dieses Verhalten in der Türkei angenommen als total normal und allgegenwärtig verstanden wird. Wenn es um den Tonfall während einer Kommunikation geht, verstehen viele Menschen aus Deutschland, Österreich und der Schweiz einen zu lauten und aggressiven Tonfall als unangenehm, während ein solcher in der Türkei als normal gilt (nonverbale Kommunikation, o.J.).

Folgend mit dem Begriff Gestik gibt es zwischen der deutschen und der türkischen Kultur einige Unterschiede. Im Bereich des Verneinens einer Aussage verwenden Deutsche oft ein Kopfschütteln, um das zuvor Gesagte zu verneinen. Ein Türke hingegen wird den Kopf nach hinten werfen, um seinen Widerspruch deutlich zu machen. Auch wenn es zu Anfang nicht wie ein großer Unterschied wirkt, sollte man so etwas nichtsdestotrotz wissen, um Missverständnissen durch nichtverstehen aus den Weg räumen zu können (Centre of Expertise Turkey, o.J.).

Des Weiteren wird im Bereich der Gestik näher auf den Körperkontakt zwischen Menschen eingegangen. Für Deutsche ist es normal sich beim Begrüßen die Hände zu schütteln oder während diversen Gesprächen auch enger beieinander zu sitzen. Türken haben in dieser Hinsicht jedoch noch weniger Angst vor Körperkontakt. Küsse auf die Wange oder Hände zu halten ist für Türken allgegenwärtig normal und wird auch zwischen gleichgeschlechtlichen Menschen ausgeübt (Centre of Expertise Turkey, o.J.).

Im Bereich der Mimik in Bezug auf Blickkontakt sind sich Deutsche und Türken sehr ähnlich. Beide empfinden es als höflich, sich während eines Gespräches in die Augen zu blicken. Der einzige deutliche Unterschied macht sich während der Arbeit bemerkbar. Angenommen ein Deutscher erledigt gerade eine Tätigkeit und ein Kollege kommt in diesem Moment in sein Büro, so wird der Deutsche zuerst seine angefangene Arbeit noch schnell zu Ende bringen, bevor er dem Kollegen seinen Blickkontakt und seine Aufmerksamkeit schenkt. Dies ist für die türkische Kultur ein absolutes No-Go, denn dies würde als unhöflich rüber kommen. Ebenfalls ist hier als Hotelbetrieb zu beachten in Bezug auf die Schulung weiblicher Mitarbeiter, dass streng religiöse muslimische Gäste einer Frau zum Beispiel nicht in die Augen sehen dürfen (Centre of Expertise Turkey, o.J.).

Im Bereich der paraverbalen Kommunikation geht es darum, wie laut etwas gesagt wird, wie viele Pausen beim Reden gesetzt werden und wie sich der Rhythmus des Gesagten anhört. So gelten Türken im Gegensatz zu Menschen aus deutschsprachigen Ländern zum Beispiel als lautere Gesellen. In Europa ist zu beobachten, dass deutschsprachige Länder eher langsamer und gemäßigter reden als Einwohner der Türkei, die oft sehr impulsiv und laut sprechen (Maletzke, G., 1996, S. 79).

6.2 Trainingsmöglichkeiten

In diesem Kapitel werden verschiedenste Trainingsmöglichkeiten aufgezeigt, die dabei helfen sollen, Mitarbeitern in Hotelbetrieben geschult den Umgang mit interkulturellen Gästen zu erleichtern.

Einige Beispiele für Trainingsmöglichkeiten wären Vorträge, in denen man kulturspezifische Eigenschaften näher kennen lernt. Oder der Gebrauch von case studies, in denen man verschiedenen Kulturen aufarbeitet, Rollenspiele, in denen man sich in eine Kultur speziell hinein versetzt oder auch Videomaterial, mit welchem man, ohne selbst "mitzuspielen", gegebene Situationen in der Gruppe oder alleine erörtern kann (Landis et al, 2004, S. 38).

Der essentiellste Aspekt im Training von interkultureller Kommunikation ist die Kultur selbst. Diese beeinflusst welche Trainingsart gewählt wird und wie der Trainer selbst in Situationen agiert. Als Beispiele werden hier Kulturen wie die deutsche und die türkische genannt. Während die türkische Kommunikationskultur eher indirekt ist, ist die Gesprächskultur in Deutschland eher eine direkte. Angenommen man nimmt die Trainingsmöglichkeit des Geschichten erzählen, so wird diese in der türkische Kultur eher weniger nützlich erscheinen, da in high-context Kulturen der Punkt der Geschichte nicht erzählt wird, sondern man davon ausgeht, dass die Zuhörer selbst zu der Pointe der Geschichte kommen. wohingegen in low-context Kulturen wie Deutschland man viel Wert drauf legt, dass die Erzähler noch vor dem eigentlichen Erzählen der Geschichte, zum Punkt kommen. So ist es für die Trainer wichtig, sich dessen bewusst zu sein und die Mitglieder des Trainings auch manchmal aus der Reserve zu locken (Landis et al, 2004, S. 41).

Ein beliebtes Hilfsmittel, auf welches viele Trainer zurückgreifen, ist das Konzept des Lernzyklus von Kolb. Effizientes Lernen wird von Kolb mit seinem Modell beschrieben, in dem es heißt, dass alle vier Stadien durchlaufen werden müssen, um effektives und effizientes Lernen zu garantieren. Auch in simulierten kulturellen Situationen können Teilnehmer am besten lernen, wenn sie alle vier Stadien durchlaufen (Landis et al, 2004, S. 43).

Das erste Stadium nennt sich "Concrete Experience", welches darauf beruht, dass sich jeder Beteiligte eine, wie es der Name schon verrät, eine konkrete Erfahrung vor Augen holt. Die zweite Stufe trägt den Namen "Reflective Observation", in welcher die konkrete Erfahrung danach nachdenklich und besinnlich beobachtet wird. Die vorletzte und dritte Stufe nennt sich "Abstract Conceptualisation", mit dem Aspekt des Lernens aus einer konkreten Erfahrung. Die letzte Stufe, die "Active Experimentation", beruht sich auf dem Ausprobieren des Erlernten aus einer gewissen Situation in seiner Umwelt, um zu sehen was dann passiert. (Landis et al, 2004, S. 43).

Abbildung 3: Kolb'sExperiental Learning Cycle

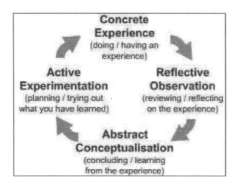

Quelle: Basierend auf Download, McLeod, S. (2013). *Kolb - Learning Styles.* Download vom 23. März 2016 von http://www.simplypsychology.org/learning-kolb.html

6.2.1 Interkulturelle Assessment-Center

In diesem Unterkapitel wird eine angewandte Methode des Erlernens von interkultureller Kommunikation genauer erörtert.

"Das Cambridge Dictionary beschreibt ein Assessment Center als einen Ort, an dem mehrere Beteiligte einen mehrtägigen Prozess an Tests ablegen müssen, wenn sie zum Beispiel für einen Job in Frage kommen (Assessment-centre, o.J.)."

Alexander Thomas et al (2005) beschreibt in seinem Buch den Vorgang eines interkulturellen Assessment-Centers wie folgt. Im Großen und Ganzen sind es Rollenspiele zwischen einer Gruppe an Menschen mit festgelegten Szenarien, die von Außenstehenden beobachtet und bewertet werden. Es können aber auch Gruppendiskussionen stattfinden, in denen spezielle Situationen analysiert und im Anschluss, wie es der Name schon verrät, diskutiert werden (Thomas, A., 2005, S. 168f).

Solch interkulturelle Assessement-Center erfüllen viele Funktionen, ein paar der Wichtigsten, vor allem für den Hotellerie-Bereich, sind die folgenden.

Einerseits dienen Sie, um interkulturelle Kompetenzen der Mitarbeiter zu prüfen und zu bewerten. Sie sind hilfreich für Mitarbeiter, die international tätig sind, oder aber mit vielen internationalen Gästen im Heimatland zu tun haben. Sie helfen den Status der Kompetenzen zu ermitteln und gegebenenfalls zu verbessern und jungen und/oder engagierten Mitarbeitern die Chance zu geben, sich auf internationaler Ebene erfolgreicher zu machen (Thomas, A., 2005, S. 169).

Es gibt zwei verschieden Arten nämlich das kulturallgemeine und das kulturspezifische Assessment-Centre. Zuerst werden die interkulturellen Kompetenzen der Betroffenen als Vorlage genommen, zum Beispiel wie offen sie sind und wie schnell sie in der Lage sind Perspektiven zu wechseln. Beim kulturspezifischen hingegen wird eine spezielle Kultur als Ausgangspunkt festgelegt und beobachtet (Thomas, A., 2005, S. 170).

Neben realitätsnahen Rollenspielen, die auf den Arbeitsalltag der betroffenen Personen abgestimmt werden sollten, Präsentationen und Gruppendiskussionen haben auch "Critical Incidents" einen äußerst hohen Stellenwert in interkulturellen Assessment Centern. Darunter versteht man kritische Vorfälle in Bezug auf interkulturelle Interaktionen. Oft werden diese mit Videosequenzen verbunden, in denen man eben solch eine kritische Situation sieht und anschließend gemeinsam Bewältigungsmethoden ausarbeitet, zum Beispiel der Konflikt zwischen einer österreichischen Mitarbeiterin und einem muslimischen männlichen Gast, der ihr gegenüber respektlos erscheint (Thomas, A., 2005, S. 171).

6.2.2 Intercultural Training Exercise Pack

In diesem Unterkapitel wird eine Übung präsentiert, mit der man in Hotelbetrieben die interkulturelle Kommunikation fördern, trainieren und bewusst erörtern kann.

In der nachstehenden Grafik handelt es sich um eine Anleitung zum Erlernen und zur Bewusstseinserweiterung in Bezug auf unterschiedliche Kommunikationstypen. Das Hauptziel dieser Übung ist, dass sich der Leser bewusst Gedanken über andere Kommunikationsarten macht, diese wiedergibt und sich dabei Gedanken über seine eigene Art zu kommunizieren macht. Ein weiteres Ziel ist, die gegebenen Missverständnisse zu erkunden, die vorhanden sein können, wenn Menschen unterschiedlicher Herkunft miteinander agieren (Cultural Awareness Training Exercises, o.J.).

Im Prinzip geht es bei dieser Übung darum, sich darüber klar zu werden, inwiefern sich nonverbale Aktivitäten, wie zum Beispiel unterschiedliche Gesten, Augenkontakt usw., und paraverbale Aspekte, wie zum Beispiel die Lautstärke der Stimme beim Sprechen oder auch die Schnelligkeit mit der ein Mensch spricht, unterscheiden. Zuerst werden die Probanden gebeten ihre eigene Herkunft an Hand von den vorgegebenen Szenarien einzugliedern und die andere Art einer gewünschten Zielgruppe zuzuordnen. Außerdem wird der Teilnehmer gebeten, sich ein Szenario auszudenken, in dem mögliche Missverständnisse und Reaktionen aufscheinen, die passieren könnten, wenn zwei Menschen mit verschiedenen kulturellen Hintergründen miteinander sprechen (Cultural Awareness Training Exercises, o.J.).

In den nachfolgenden Punkten der praktischen Übung werden folgende kulturelle Aspekte näher beleuchtet. Es wird zum Beispiel gefragt, ob der eigene Kulturkreis eher dazu tendiert schnell zu reden und möglicherweise sein Gegenüber auch des Öfteren unterbricht, um seine eigenen Standpunkte durchzusetzen oder ob man eher ruhig und langsam spricht und sein Gegenüber selten unterbricht. Es wird erfragt, ob man selbst sehr laut spricht ohne Befürchtungen, dass Passanten oder Nachbarn ihre Gespräche eventuell mithören könnten, oder man lieber leiser spricht, sodass andere Menschen nicht sofort verstehen können, worüber man spricht (Cultural Awareness Training Exercises, o.J.).

Außerdem wird in dieser Übung erfragt, wie man mit Gesten im Bereich nonverbaler Kommunikation umgeht. Es wird gefragt, ob man selbst und Menschen derselben Kultur sehr viel Augenkontakt halten während eines Gespräches oder diesen eher vermeiden, weil er als unhöflich gilt. Ob man viel Abstand zwischen sich und dem Gesprächspartner einhält oder sehr kontaktfreudig ist und die Beteiligten sogar währenddessen berührt, obwohl man sich vielleicht nicht gut kennt (Cultural Awareness Training Exercises, o.J.).

Wird während eines Gespräches, das von beruflicher Natur ist, viel Smalltalk eingebaut oder geht es gleich ans Eingemachte? Verschicken die Befragten Personen lieber Emails, Briefe und des gleichen oder präferieren sie face-to-face Gespräche, um ihren Anliegen besseren Ausdruck zu verleihen? Sprechen sie auch mit ihren Arbeitskollegen über familiäre Angelegenheiten oder distanzieren sie Privates von Beruflichem? - Dies sind Fragen, die mit Hilfe des Intercultural Training Exercise Packs es ermöglichen sollen, seine eigene Kultur besser zu verstehen, aber es soll auch den Einblick in andere Kulturkreise generieren (Cultural Awareness Training Exercises, o.J.).

Abbildung 4: Intercultural Training Exercise Pack

Intercultural Training Exercise Pack

'Exploring Communication Approaches' handout.

1. Read each of the following pairs of descriptions.
2. Decide which descriptions is more like your country, A or B.
3. Think of another culture or country of interest to you. Does it come closer to type A or type B?
4. Choose one or two statement pairs that interest you. Can you think of any misunderstandings that might arise when people from cultures more like A, communicate with people from cultures more like B?

1	In some countries, people tend to talk quite quickly, frequently interrupting others in order to get their ideas across.	In other countries, people tend to talk in a slow and considered way, rarely interrupting other people when they are talking.
2	In some countries, people tend to talk quite loudly and are not particularly concerned if people they do not know overhear their conversations.	In other countries, people tend to be more soft-spoken, and take care to ensure that they do not talk so loudly that other people can hear their conversations.
3	In some countries, people use many physical gestures (such as smiling a lot, waving their arms or banging the table) to emphasize what they are saying and to communicate important ideas and feelings.	In other countries, people do not often use many physical gestures (such as smiling a lot, waving their arms or banging the table). Instead, they use words and their tone of voice to communicate important ideas and information.
4	In some countries, demonstrating interest in what other people have to say means maintaining good eye contact with them when they are talking.	In other countries, demonstrating respect for other people means trying to avoid too much direct or close eye contact while they are speaking.
5	In some countries, even people who do not know each other very well will hold hands, embrace, place their arms around each other's shoulders, or touch each other on the arms.	In other countries, people are taught not to touch other people they do not know, and will try to avoid physical contact with strangers wherever possible.
6	In some countries, when people talk to each other they stand or sit a considerable distance apart, sometimes as much as 50 cm.	In other countries, when people talk to each other than stand or sit very close to each other - sometimes so close that they are almost touching the other person.

Quelle: Basierend auf Download. (o.J.). *CulturalAwareness Training Exercise*. Download vom 23. März 2016 von http://www.culturewise.net/wp-content/uploads/2013/05/Cultural-awareness-training-exercise-pack.pdf

Abbildung 5: Intercultural Training Exercise Pack II

	Intercultural Training Exercise Pack	
7	In some countries, people are direct and frank in the way they speak. They will give their personal opinions freely, regardless of whom they are talking to, and will often criticize other people directly if necessary.	In other countries, people are less direct in the way they speak. They will often avoid giving their personal opinions unless they know the people they are talking to well, and will try to avoid saying things that might come across as too critical of others.
8	In some countries, people write e-mails or faxes that are as short, direct and factual as possible. They pose questions directly and ask for information in an explicit and unambiguous way.	In other countries, people sometimes write e-mails or faxes in a less direct and wordier way. They often don't feel the need to spell out precisely and unambiguously the information they require.
9	In some countries, people often prefer to use e-mails, faxes, letters or other forms of written communication to pass on important information and make sure they get the response they want.	In other countries, people often prefer to use face-to-face discussions, telephone calls or other forms of spoken communication to pass on important information and make sure they get the response they want.
10	In some countries, learning foreign languages (particularly English) forms a big part of the educational curriculum. People from these countries often speak other languages very well.	In other countries, learning foreign languages is not an important part of the educational curriculum. People from these countries often do speak other languages very well.
11	In some countries, people are happy to talk about their personal and family life with their colleagues at work. They are also inclined to ask other people questions about their private and family life, even if they do not know them very well.	In other countries, people prefer to keep their private life and their work life separate. They do not tend to ask questions or talk about personal and family life at work, unless it is with close colleagues who they know well.
12	In some countries, people like to make 'small talk' (that is, talk about the weather, football, politics) before they start talking about business.	In other countries, people like to get straight into business without bothering with too much 'small talk' (that is, talk about the weather, football, politics).
13	In some countries, people are happy to talk about their accomplishments without embarrassment or shame. They think it is polite and honest to describe what they have achieved in their lives.	In other countries, people feel uncomfortable talking about what they have accomplished. They think it is polite and courteous to keep quiet about their attainments.

Quelle: Basierend auf Download. (o.J.). *CulturalAwareness Training Exercise*. Download vom 23. März 2016 von http://www.culturewise.net/wp-content/uploads/2013/05/Cultural-awareness-training-exercise-pack.pdf

6.3 Kundenzufriedenheit

> "Kundenzufriedenheit als solches definiert die Übereinstimmung zwischen den subjektiven Erwartungen und der tatsächlich erlebten Motivbefriedigung bei Produkten oder Dienstleistungen. Wird die Erwartung erfüllt, ist der Kunde zufrieden und er wird jenes Produkt oder jene Dienstleistung wieder verwenden. Wurde die Erwartung jedoch nicht erfüllt, wird der Kunde zur Konkurrenz umsteigen (Kundenzufriedenheit, o.J.). "

Zufriedene Kunden spielen für Unternehmen aller Art eine sehr große Rolle und sind für Erfolg oder Misserfolg des Betriebes verantwortlich, denn nichts lässt die Zahlen eines Unternehmens höher steigen, als loyale und wiederkehrende Kunden (Matzler et al, 1996, S.6). Im Bereich des Hospitality wissen die Kunden ungefähr, was sie sich für ihr Geld im Groben erwarten können. Hier stellt sich dann die Frage, mit welchen Mitteln oder Gesten man Gäste noch zufriedener stellen kann. Denn loyale Kunden, die immer wieder in ein bestimmtes Hotel zurückkehren, können den Profit eines Hotels sehr steigern (Matzler et al, 1996, S.6).

Zufriedenheit lässt sich laut Matzler (2001) in drei Phasen unterteilen: die Erwartungsbildung, die Wahrnehmung und den Vergleichsprozess. Die Erwartungsbildung schildert den Prozess, in welchen Kunden sich für verschiedene Anbieter interessieren, die ihren Erwartungen am nächsten kommen könnten. Dieses Verhalten wird meist mit früheren Erfahrungen, Mundpropaganda oder durch verschiedenste Marketingstrategien des Unternehmens verstärkt. Die Phase der Wahrnehmung meint den tatsächlichen Akt der Verwendung jenes Produktes bzw. Dienstleistung und was der Kunde während des Gebrauches wahrnimmt. Die letzte Phase, nämlich der Vergleichsprozess, meint das explizite Vergleichen der

Wahrnehmung mit den Erwartungen. Fällt dieser Vergleich positiv aus, wird der Kunde auch in Zukunft jenes Produkt oder jene Dienstleistung verwenden (Matzler et al, 2001, S. 446).

Dieses 3-Phasen Modell kann mit allen Produkten oder Dienstleistung in Verbindung gebracht werden. In Bezug auf interkulturelle Kommunikation kann man dieses Modell wie folgt auslegen.

Ein österreichischer Kunde bucht eine Nächtigung z.B. im Ritz Carlton Hotel in Istanbul, welches mit 5 Sternen eines der gehobenen Klasse entspricht. Der deutsche Kunde macht sich nun Gedanken darüber, was genau er sich von diesem Hotel erwarten kann in Form von jeglichen Produkten und Dienstleistungen. Jedoch erwartet er sich auch, dass die Mitarbeiter ihm gegenüber Verständnis zukommen lassen, da sich die Kulturen dieser beiden Länder sehr differenzieren. In der Phase der Wahrnehmung nimmt der Kunde nun aktiv wahr, ob sich die Mitarbeiter auf seine kulturellen Unterschiede einstellen und diese auch mit Respekt behandeln. Falls dies zutrifft, wird sich unser deutscher Gast in diesem Hotel in der Türkei gut aufgehoben und verstanden fühlen, und wird dieses Hotel auch in Zukunft gern besuchen wollen.

7 Diskussion

Der folgende Teil diskutiert die Erkenntnisse der Literaturrecherche. Ebenso fließen meine persönlichen Erfahrungen, die ich während meiner Auslandsaufenthalte gewinnen konnte, aber auch das Wissen, das ich im Studium erwerben konnte, mit ein.

Dass interkulturelle Kommunikation ein kompliziertes Thema ist und das Verstehen und Akzeptieren von Kultur wichtig ist, wurde mir in meiner akademischen Laufbahn in jedem Semester vor Augen geführt. Ob es anhand von verschiedensten Vorlesungen und Seminaren geschehen ist, die viel theoretischen Input generierten, die Austauschstudenten verschiedenster Länder die an die FH Joanneum kamen, die mir in meinem Heimatland Einblick über ihre Kulturen gewährten oder meine eigenen Auslandsaufenthalte, die mir die Chance gaben, in einer anderen Kultur sogar leben zu dürfen. Dies alles führte mir vor Augen wie unterschiedlich und wertvoll Menschen mit anderen kulturellen Hintergründen, ihren Sichtweisen und Verständnissen sind und wie essentiell die Adaption an diese sein können.

Ein wichtiger Punkt, der Diskussion bedarf, bezieht sich auf die verschiedene Kulturen an sich. In vielerlei Hinsicht handelt es sich hierbei konkret um das Verstehen und Erkennen verschiedener Kulturen. Wenn man in der Lage ist, schnell zu Erkennen woher mein Gegenüber bzw. mein Gast kommt, und zu wissen, welche kulturellen Aspekte dieser in Bezug auf non- und paraverbale Kommunikation mit sich bringt, kann ich besser auf seine individuellen und kulturellen Bedürfnisse eingehen und somit die Kundenzufriedenheit erhöhen (nonverbale Kommunikation, o.J.).

Deshalb ist es vor allem für internationale Hotelunternehmen das A und O, ihre Mitarbeiter genau auf solche Verhaltensweisen hinzuweisen und zu trainieren. Wenn sich Kunden nicht wohl oder verstanden fühlen oder im schlimmsten Fall nicht ernst genommen fühlen, werden sie mit hoher Wahrscheinlichkeit denselben Hotelanbieter auch nicht mehr aufsuchen, da sie diesen Betrieb mit schlechten Erfahrungen verbinden. Dies würde für den Betrieb selbst ein Verlust ein, denn wiederkehrende und loyale Gäste sind sehr gewinnbringend. Das sind Gründe warum man sich als Hotelanbieter überlegen sollte, seine Mitarbeiter in Hinsicht auf interkulturelle Kommunikation zu trainieren (Matzler et al, 1996, S.466).

Anhand von Matzler's (2001) Drei-Phasen-System kann man genau erkennen, wie man mit einfachem interkulturellen Training die Erwartungsbildung, die Wahrnehmung und den Vergleichsprozess von internationalen Kunden steuern kann. Denn fühlt sich der Gast rundum wohl, wobei hier nicht nur gemeint ist, dass die Hotelzimmer sauber sind und das Essen genießbar, sondern vom Personal auch verstanden wird und individuell auf seine Herkunft auch eingegangen wird, so werden alle drei Phasen positiv ausfallen (Matzler et al, 2001, S.466).

Um gute interkulturelle Kommunikation von Arbeitnehmern in Hotelbetrieben aus Sicht des Managements erwarten zu können, müssen Angestellte in jeglichen kundenbasierenden Bereichen geschult werden. Dies geschieht zum Beispiel mit Hilfe von Vorträgen, in denen kulturspezifische Eigenschaften näher erläutert werden oder auch Case Studies und Rollenspiele, in denen die Angestellten sich auch selbst in die Rolle des Kunden versetzen müssen. Somit lernen sie genauer zu verstehen, wie sich der Gast in solchen missverstandenen Situationen fühlt und wie man sich selbst wünscht, verstanden zu werden, um ein allgemeines Wohlbefinden vorauszusetzen (Landis et al, 2004, S. 38). Das Erlernen von interkultureller Kommunikation und kulturellen Unterschieden fand bei mir als Einstieg an der FH Joanneum statt, welches mir erlaubte, das Gelernte während meiner Auslandsaufenthalte praktisch anwenden zu können.

8 Schluss

Im Schlussteil dieser Arbeit werden die wichtigsten Punkte zusammengefasst, Kritik an der Arbeit getätigt, offene Fragen erörtert und die wichtigsten Punkte zusammengefasst.

Interkulturelle Kommunikation beschreibt das sprachliche oder mit Hilfe von Zeichen Verständigen zwischen Menschen verschiedener Kulturen. Hier ist zu beachten, dass es viele Untergruppen dieses Begriffes gibt, zum Beispiel den Gebrauch von nonverbaler Kommunikation, wie etwa Blick- oder Körperkontakt während des Interagierens oder in Bezug auf paraverbale Kommunikation, wie der Gebrauch einer gewissen Lautstärke oder die Intonation beim Sprechen.
In Bezug auf nonverbale und paraverbale Kommunikation ist sich übermittelt das Gesagte nicht immer den Inhalt einer gewissen Botschaft. Dadurch gibt es im Bereich der Gestik, Mimik, Blickkontakt, welche der nonverbalen Kommunikation angehören, und die Stimmlage, die Intonation und der Rhythmus des Sprechens, welche ein Teil der paraverbalen Kommunikation ist, große Unterschiede zwischen Westen und Osten (Maletzke, 1996, S.76f).

Um speziell interkulturelle Kommunikation in Hotelbetrieben zu fördern, werden verschiedene Trainingsmöglichkeiten angewandt. Entweder geschieht dies durch Vorträge und Präsentationen, um einen allgemeinen Überblick über gewisse Kulturen zu geben, aber auch um deutlich auf

Unterschiede aufmerksam zu machen. Eine weitaus effektivere Methode ist der Gebrauch von Case Studies oder Rollenspielen, in denen sich die Mitarbeiter untereinander in Situationen versetzen und gemeinsam versuchen, Probleme zu definieren und Lösungsvorschläge zu erörtern. Dies ist insofern von hoher Bedeutung, da sich die Mitarbeiter so auch selbst in die Lage der Kunden und Gäste versetzen können und so auch detaillierter beschreiben können, wie sie in solch einer Situation gern behandelt werden möchten. Dies ist in der Tat eine etwas aufwendigere Methode als Vorträge zu halten, aber als Ganzes gesehen auch eine bessere, aus der die Angestellten auch mehr mitnehmen können. Eine weitere Option wären Interkulturelle Assessment Center, die wieder ein Stück kostenintensiver und zeitaufwendiger sind, aber auch nach Vollendung ein gut geschultes Personal mit sich bringen (Thomas, A., 2005, S. 168f).

8.1 Kritik

In diesem Kapitel der Arbeit werden jegliche Stärken und Schwächen dieser aufgezeigt.

Eine Stärke dieser Arbeit wäre, dass es zu diesem Thema sehr viel und sehr gute Literatur gibt, da es ein Thema ist, das seit Jahrzehnten die Menschen interessiert und fasziniert. Vor allem durch die Globalisierung und den Wohlstand vieler Menschen, sich einen Auslandsaufenthalt leisten zu können, ist es sehr wichtig, dass Angestellte eines Hotelbetriebes auch wissen, wie man mit verschiedenen, vielleicht auch schwierigen Kulturen, umgehen kann.

Als eine Schwäche meiner Arbeit würde ich mangelnde Literaturfindung in Bezug auf Datenbanken, wie ScienceDirect und ERIC usw. aufweisen. Literatur aus solchen Datenbanken war zwar gegeben, jedoch waren sie für meine Arbeit zu breit gefächert, als dass ich sie hätte einbauen können.

Kultur ist ein sehr ausgedehntes und reichhaltiges Thema, das man mit Bedacht eingrenzen muss, wodurch zu genaues eingrenzen den Effekt mit sich bringt, dass viel gefundene Literatur zum Thema Kultur nicht mehr von Bedeutung für das eingegrenzte Thema ist. Außerdem hätte ich Vorfälle und Beobachtetes aus meinen eigenen Auslandsaufenthalten besser dokumentieren können, wodurch die Arbeit einen durchaus praktischeren Teil hätte haben können. Außerdem wäre es interessant gewesen zu erfragen, wie Hotels solche Trainingsmöglichkeiten zur Förderung interkultureller Kommunikation in der Praxis betreiben, wofür ich einige Hotels hätte befragen können, dies aber durch Zeitmangel nicht möglich war.

8.2 Offene Fragen und Ausblick

Trotz des theoretischen Einblicks wäre es in weiterer Folge vielleicht von Vorteil, einige Hotels direkt zu kontaktieren, wie hoch der tatsächliche Gebrauch von interkultureller Kommunikation in Österreich zum Beispiel ist und wie Mitarbeiter in der Praxis auf solches geschult werden. Außerdem ist der Begriff interkulturelle Kommunikation ein sehr großer, da es sehr viele Unterbegriffe und -bereiche gibt. Meine Arbeit bezieht sich nur auf non- und paraverbale Kommunikation, worin in weiterer Folge auch wichtig wäre, heraus zu kristallisieren inwiefern welcher Bereich der interkulturellen Kommunikation für Mitarbeiter und Gäste die größten Schwierigkeiten aufweisen.

9 Literaturverzeichnis

Argyle, M. (2013). *Körpersprache und Kommunikation: Nonverbaler Ausdruck und soziale Interaktion.* (10. Auflage). Paderborn: JunfermannVerlag.

Assessment-Centre. (o.J.). In Cambridge Dictionary. Download vom 25. Februar 2016, von http://dictionary.cambridge.org/dictionary/english/assessmen t-centre

Bannenberg, A. (2011). *Die Bedeutung interkultureller Kommunikation in der Wirtschaft: Theoretische und empirische Erforschung von Bedarf und Praxis der interkulturellen Personalentwicklung anhand einiger deutscher Großunternehmer der Automobil- und Zulieferindustrie.* (Disseration, Universität Kassel).

Centre of Expertise Turkey. (o.J.). Download vom 12. Mai 2016, von http://www.gencer- coll.de/de_tuerkei_nonverbale_komm.html

Cultural Awareness Training Exercises. (o.J.). Download vom 23. März 2016, von http://www.culturewise.net/wp-content/uploads/2013/05/Cultural-awareness-training- exercise-pack.pdf

Hofstede, G. (2001). *Culture's Consequences. Comparing Values, Behaviors, Institutions and Organizations Across Nations.* (2. Aufl.). London: Sage Publications Ltd.

Interkulturell. (o.J.). In Duden. Download vom 21. Januar 2016, von http://www.duden.de/rechtschreibung/interkulturell

Kolb - Learning Cycles. (2013). Download vom 23. März 2016, von http://www.simplypsychology.org/learning-kolb.html

Kommunikation. (o.J.). In Duden. Download vom 21. Januar 2016, von http://www.duden.de/rechtschreibung/Kommunikation

Kultur. (o.J.). In Duden. Download vom 21. Januar 2016, von http://www.duden.de/rechtschreibung/Kultur

Kundenzufriedenheit. (o.J.). In Wirtschaftslexikon. Download vom 26. Januar 2015, von
> http://wirtschaftslexikon.gabler.de/Definition/kundenzufriede nheit.html

Landis, D., Bennett, J. & Bennett, M. (2004). *Handbook of Intercultural Training.* (3. Auflage). California: Sage Publications

Maletzke, G. (1996). *Interkulturelle Kommunikation: zur Interaktion zwischen Menschen verschiedener Kulturen.* Opladen: Westdt. Verlag.

Matzler, K., Hinterhuber, H., Bailom, F. & Sauerwein, E. (1996). How to Delight Your Customers. *Journal of Product & Brand Management,* 5(2), 6-18. doi: 10.1108/10610429610119469. Download vom 26. Januar 2016, von http://www- 1emeraldinsight-1com-11723.perm.fh-
> joanneum.at/doi/full/10.1108/10610429610119469

Matzler, K., Pechlaner, H. & Siller, H. (2001). Die Ermittlung von Basis-, Leistungs- und Begeisterungsfaktoren der Gästezufriedenheit. *Tourismus Journal*, 5(4), 445-469. Download vom 26. Januar 2016, von https://www-1wiso- 2net-1de-140613.perm.fh-joanneum.at/toc_list/TJ/2001#documentLayer.TJ__2001040 23

Methodik. (o.J.). In Duden. Download vom 01. Oktober 2016, von http://www.duden.de/rechtschreibung/Methodik

Neick, L. (2011). *Nonverbale Kommunikation und deren Wahrnehmung: Die Bedeutung von Körpersprache in der Sozialen Arbeit.* (Bachelorarbeit, Hochschule Baden- Württemberg).

Nonverbal. (o.J.). In Duden. Download vom 21. Januar 2016, von http://www.duden.de/rechtschreibung/nonverbal

Nonverbale Kommunikation. (o.J.). Download vom 28. Januar 2016, von http://www.nonverbale- kommunikation.info/interkulturelle-unterschiede.php

Paraverbal. (o.J.). Download vom 21. Januar 2016, von http://www.kuerzeundwuerze.ch/wissenswertes/wissen-von- a-z/paraverbalekommunikation/

Thomas, A., Kinast, E. &Schroll-Machl S. (2005). *Handbuch interkultureller Kommunikation und Kooperation.* (2. Auflage). Göttingen: Vandenhoeck&Ruprecht.

Training. (o.J.). In Duden. Download vom 21. Januar 2016, von http://www.duden.de/rechtschreibung/Training

Trompenaars, F. &Hampden-Turner, C. (2012). *Riding the Waves of Culture. Understanding Diversity in Global Business.* (3. Aufl.). London und Boston: Nicholas Brealey Publishing.

What is culture. (o.J.). Download vom 25. Januar 2016, von
http://anthro.palomar.edu/culture/culture_1.htm

I want morebooks!

Buy your books fast and straightforward online - at one of the world's fastest growing online book stores! Environmentally sound due to Print-on-Demand technologies.

Buy your books online at
www.get-morebooks.com

Kaufen Sie Ihre Bücher schnell und unkompliziert online – auf einer der am schnellsten wachsenden Buchhandelsplattformen weltweit!
Dank Print-On-Demand umwelt- und ressourcenschonend produziert.

Bücher schneller online kaufen
www.morebooks.de

OmniScriptum Marketing DEU GmbH
Bahnhofstr. 28
D - 66111 Saarbrücken
Telefax: +49 681 93 81 567-9

info@omniscriptum.com
www.omniscriptum.com

Druck:
Canon Deutschland Business Services GmbH
im Auftrag der KNV-Gruppe
Ferdinand-Jühlke-Str. 7
99095 Erfurt